# LES ANIMAUX NOCTURNES EN QUESTIONS

## Melvin et Gilda Berger

ILLUSTRATIONS DE JIM EFFLER

TEXTE FRANÇAIS DU GROUPE SYNTAGME INC.

*Éditions*
**■SCHOLASTIC**

# TABLE DES MATIÈRES

**ABRÉVIATIONS**
cm = centimètre
g = gramme
km = kilomètre
km/h = kilomètre à l'heure
m = mètre

Catalogage avant publication de Bibliothèque et Archives Canada
Berger, Melvin
Les animaux nocturnes en questions / Melvin et Gilda Berger;
illustrations de Jim Effler; texte français du Groupe Syntagme.
(Réponse à tout)
Traduction de : How Do Bats See in the Dark?
Pour les 6-10 ans.
ISBN 0-439-94165-2
1. Animaux nocturnes--Miscellanées--Ouvrages pour la jeunesse.
I. Effler, James M., 1956-  II. Groupe Syntagme Inc.  III. Titre.
IV. Collection : Berger, Melvin  Réponse à tout.
QL755.5.B4814 2006     j591.5'18     C2006-902822-2

Édition publiée par les Éditions Scholastic, 604, rue King Ouest,
Toronto (Ontario)  M5V 1E1.
5 4 3 2 1     Imprimé au Canada     06 07 08 09

À Mitch, notre oiseau de nuit préféré
— M. ET G. BERGER

À Herbert et JoAnne, qui se lèvent bien avant
que ces créatures se mettent au lit
— J. EFFLER

# INTRODUCTION

Savais-tu que bien des animaux – les chauves-souris, les hiboux, les ratons laveurs, les mouffettes, les lions, les léopards, les lucioles et les coquerelles – se réveillent à peu près à l'heure où tu vas te coucher?

La plupart du temps, ces créatures de la nuit, ou animaux nocturnes, se reposent ou dorment le jour. Mais lorsqu'il fait nuit, elles s'activent tout à coup et commencent à chercher de la nourriture.

Très peu d'animaux ne sont actifs que la nuit ou le jour. Par contre, toutes les créatures nocturnes sont beaucoup plus actives une fois la nuit tombée.

Les créatures nocturnes sont bien adaptées à la vie qu'elles mènent. Elles possèdent des sens très aigus qui leur permettent de trouver leur chemin dans le noir. Quelques-unes sont dotées de sens particuliers qui les aident à « voir » la nuit, en écoutant les échos ou en sentant la chaleur du corps d'autres animaux. Comme bon nombre d'entre elles sont noires ou grises, elles peuvent facilement se cacher et tromper leurs ennemis.

Ces animaux préfèrent la nuit pour toutes sortes de raisons. Ils sont à l'abri de leurs ennemis diurnes. Ils se nourrissent d'autres animaux nocturnes ou de plantes qui s'ouvrent seulement la nuit. Ils n'ont pas à se disputer la nourriture avec les animaux diurnes. Et ils évitent la chaleur et les effets asséchants du soleil.

Comment les scientifiques font-ils pour apprendre des choses sur les animaux nocturnes? Eh bien, ils sortent la nuit, puis ils observent et écoutent attentivement. Leurs découvertes sur ces animaux, qui sont tout à fait réveillés pendant que tu dors profondément, vont vraiment t'ébahir!

*Melvin Berger    Gilda Berger*

# DANS LES AIRS

## Comment font les chauves-souris pour voir dans le noir?

Elles se servent de leurs oreilles! Lorsqu'elles volent, la plupart des chauves-souris poussent de petits cris stridents, habituellement inaudibles pour l'oreille humaine. Ces cris rebondissent sur des objets situés à proximité, et les chauves-souris entendent l'écho qui en résulte.

Lorsqu'un son produit rapidement un écho, la chauve-souris sait que l'objet est proche. Lorsque l'objet est loin, l'écho met plus de temps à se faire entendre. On appelle écholocation cette façon d'utiliser l'écho pour détecter des objets. Grâce à l'écholocation, les chauves-souris voient dans le noir!

## Que mangent la plupart des chauves-souris?

Des insectes qui volent la nuit. Une seule chauve-souris brune peut capturer jusqu'à 600 insectes à l'heure!

## À part les insectes, que mangent les chauves-souris?

Des fruits, le nectar et le pollen des plantes, des grenouilles, des poissons, des oiseaux et d'autres animaux. Elles se nourrissent même de sang! On compte près de 1 000 espèces de chauves-souris. Chaque espèce est adaptée à la vie qu'elle mène. Lorsqu'on observe attentivement une chauve-souris, on peut habituellement deviner ce qu'elle mange.

Par exemple, les chauves-souris insectivores ont de grandes oreilles qui leur permettent d'entendre les échos. Celles qui se nourrissent de plantes sont munies de longues langues et peuvent recueillir, au creux des fleurs nocturnes, le délicieux nectar qui s'y trouve. Grâce à leurs organes spéciaux sensibles à la chaleur, les chauves-souris vampires peuvent détecter les vaisseaux sanguins de leurs proies. Les chauves-souris pêcheuses, elles, arrivent à capturer des poissons gluants à l'aide de leurs serres en forme d'hameçon. Quant aux chauves-souris carnivores, elles sont munies de dents acérées qui leur permettent de dévorer d'autres chauves-souris, des rongeurs et des grenouilles.

# Pourquoi les chauves-souris volent-elles la nuit?

Pour plusieurs raisons. Les chauves-souris insectivores se régalent de moustiques et de papillons de nuit. Celles qui sont herbivores se nourrissent du nectar des fleurs qui ne s'ouvrent qu'après la tombée du jour. Et la nuit est particulièrement favorable aux chauves-souris vampires qui peuvent alors débusquer leurs proies endormies.

Les oiseaux diurnes mangent aussi des insectes. Et les papillons de jour sucent du nectar. En volant la nuit, les chauves-souris n'ont pas à leur faire concurrence pour obtenir leur nourriture.

Petite chauve-souris
à long nez

Petites chauves-souris brunes

## Les chauves-souris vampires attaquent-elles les humains?

Très rarement. Elles s'attaquent habituellement aux bestiaux ou aux chevaux en train de dormir.

La nuit, la chauve-souris vampire voltige dans les airs comme un colibri, en poussant de petits cris. Lorsque l'écho de ses cris révèle la présence d'un gros animal immobile, la chauve-souris vampire pique soudain vers le sol. Elle grimpe furtivement sur sa victime et pratique une petite coupure à l'aide de ses dents acérées. Lorsque le sang coule, elle en lèche de 28 à 57 g – c'est son repas de la journée. Puis elle s'envole, souvent bien avant le réveil de sa victime.

## Les chauves-souris sont-elles méchantes?

Pas du tout. En fait, elles nous sont très utiles. Les chauves-souris insectivores engloutissent un nombre faramineux d'insectes nuisibles. Celles qui sont frugivores dispersent des graines et pollinisent des plantes. Et le guano (les excréments) qu'elles produisent est un excellent engrais.

Certains croient que les chauves-souris sont méchantes à cause de leurs étranges caractéristiques, comme leurs oreilles géantes ou leur grand nez plissé. Mais il s'agit là de traits importants. Les grandes oreilles des chauves-souris servent à l'écholocation. Leur nez plissé leur permet de diriger les sons qu'elles produisent. Loin d'être méchantes, les chauves-souris sont des créatures nocturnes douces et intelligentes.

## Comment les chauves-souris dorment-elles?

La tête en bas. Lorsque les chauves-souris s'installent pour une journée de repos, elles replient leurs ailes autour de leur corps et se laissent pendre, la tête en bas, dans une grotte ou un autre endroit sombre. Habituellement, elles dorment en grands groupes. Les grandes chauves-souris frugivores se pendent souvent à des branches, comme si elles étaient des fruits. D'autres espèces s'accrochent à des saillies ou à des troncs d'arbre.

Les chauves-souris femelles donnent même naissance à leurs petits la tête en bas! Ordinairement, un seul petit naît à la fois.

## Les chauves-souris sont-elles des oiseaux?

Non. Les chauves-souris sont des mammifères à sang chaud, tout comme les chats et les chiens, les lions, les tigres et les humains. Comme la plupart des autres mammifères, elles se développent dans le ventre de leur mère et naissent. Lorsqu'ils sont très petits, les bébés se nourrissent du lait produit par le corps de leur mère. Lorsqu'ils grandissent, ils se couvrent de poils ou de fourrure. Aucun oiseau ne correspond à cette description!

Pourtant, les chauves-souris sont différentes de tous les autres mammifères. Elles peuvent voler. La peau de leurs ailes, qui s'étire entre leurs longs doigts, est plus mince qu'un sac de plastique!

## Quels insectes échappent souvent aux chauves-souris?

Certains papillons de nuit. La noctuelle peut entendre les cris stridents des chauves-souris. Elle décrit des boucles et des spirales dans les airs lorsqu'une chauve-souris s'approche d'elle, afin de la dérouter et de lui échapper.

L'arctiide produit des sons et des « clics » que la chauve-souris peut entendre. Ces sons perturbent le système d'écholocation de la chauve-souris, qui éprouve alors de la difficulté à capturer le papillon.

D'autres insectes, comme les chrysopes, replient simplement leurs ailes et se laissent tomber droit sur le sol lorsque des chauves-souris se trouvent à proximité. Là, les chrysopes se sentent en sécurité – du moins pour un certain temps.

## Pourquoi les papillons de nuit sont-ils attirés par la lumière?

Ils confondent probablement la lumière avec la lune. En effet, les papillons de nuit s'orientent par rapport à la lune. Lorsqu'ils voient une ampoule, ils sont désorientés et se dirigent droit sur elle. Tu as sûrement déjà vu un papillon voleter sans relâche autour d'une ampoule. S'il s'approche trop près, la chaleur de l'ampoule lui brûle les ailes, et il meurt.

## Quel papillon ressemble à un colibri?

Le sphinx. Ce gros papillon de nuit recherche les fleurs aux couleurs vives ou au parfum intense. Battant des ailes environ 35 fois par seconde, il voltige au-dessus des fleurs comme un petit colibri.

Le sphinx déroule son long tube d'alimentation, appelé trompe, pour atteindre le nectar au fond des fleurs. La trompe de certains sphinx mesure 28 cm et est plus longue que leur corps tout entier!

Grâce à leur odorat. Les papillons lunes femelles dégagent une puissante odeur dans l'air nocturne. Les mâles captent cette odeur à l'aide de leurs antennes duveteuses. Guidés par leur odorat, ils peuvent repérer des femelles à plus de 8 km!

Sphinx à lignes blanches

Harfang des neiges

## Les oiseaux volent-ils surtout la nuit?

Non. Presque tous les oiseaux sont diurnes, c'est-à-dire qu'ils s'activent durant le jour. Seuls les hiboux, les chouettes, les engoulevents bois-pourri et quelques autres espèces cherchent leur nourriture la nuit.

## Les chouettes et les hiboux voient-ils bien?

Oui. Ils ont des yeux gigantesques. Leur pupille centrale, la partie sombre de leur œil, est extrêmement large afin d'absorber un maximum de lumière. C'est pourquoi ils voient – et capturent – de petits animaux dans une noirceur presque totale. La nuit, la vision de ces oiseaux est environ dix fois meilleure que la nôtre.

## Pourquoi les yeux des hiboux et des chouettes brillent-ils dans le noir?

Derrière leurs yeux, une couche de cellules appelée tapetum leur permet de voir dans l'obscurité. Le tapetum fonctionne comme un miroir. Il réfléchit toute quantité de lumière qui entre dans l'œil. Ainsi, les hiboux et les chouettes peuvent distinguer des objets même avec très peu de lumière.

## Les hiboux et les chouettes se fient-ils davantage à leur vision ou à leur ouïe?

À leur ouïe. Leurs oreilles très sensibles peuvent capter des sons quasi inaudibles. En fait, selon certains experts, un hibou en train de voler peut entendre un son aussi faible que celui produit par une souris qui mâche de l'herbe sous la neige!

Chez les hiboux et les chouettes, les deux oreilles ne sont pas à la même hauteur et sont d'une taille et d'une forme différentes. C'est pourquoi ces oiseaux sont passés maîtres dans l'art de trouver la source exacte d'un son. En outre, les plumes de leur face forment un disque qui renvoie les sons vers les grands orifices de leurs oreilles. Pas étonnant que ces rapaces soient de si bons chasseurs!

## Les chouettes et les hiboux sont-ils vraiment intelligents?

Pas vraiment. Ils ont l'air intelligents à cause de leurs grands yeux. Mais les spécialistes croient qu'ils ne sont pas aussi brillants que bien d'autres oiseaux. Certains affirment même que de si gros yeux ne peuvent pas laisser assez de place à un gros cerveau!

Grand-duc d'Amérique

## Comment les chouettes et les hiboux chassent-ils?

Ils observent et écoutent leurs proies dans le noir. Lorsqu'ils captent un son ou une odeur, ils fondent silencieusement sur leur cible. Leurs douces plumes bordées de duvet amortissent le son de leurs ailes.

En ouvrant grand leurs serres acérées et recourbées, les chouettes et les hiboux s'abattent sur leur proie et l'emportent. Les grosses espèces capturent des lapins, des écureuils et des mouffettes. Les petites espèces chassent des insectes, des souris et d'autres petits animaux.

### Les chouettes et les hiboux mâchent-ils leur nourriture?

Non. Ils avalent leur victime tout rond. Mais lorsqu'il s'agit d'une grosse proie, ils la déchiquettent avant d'en avaler les morceaux. Par la suite, ils recrachent des boulettes formées par les os, le poil et les plumes, qu'ils ne peuvent pas digérer.

Il se peut que tu trouves un jour des boulettes par terre, sous le nid ou le perchoir d'un hibou ou d'une chouette. On a trouvé récemment une pile de boulettes qui contenait les restes d'environ 2 000 souris, 210 rats, 92 merles et 4 grenouilles!

### Où les chouettes et les hiboux dorment-ils?

Dans des plantes et des buissons touffus, des arbres creux, des grottes ou de vieux édifices. Leurs couleurs ternes et leurs plumes tachetées les camouflent aux yeux de leurs ennemis. Malgré son nom, l'effraie des clochers dort aussi dans des arbres creux et sur les chevrons des immeubles abandonnés.

### Est-ce que tous les hiboux et toutes les chouettes « hululent »?

Non. Le seul oiseau qui hulule vraiment est le grand-duc d'Amérique. Les autres espèces de hiboux et de chouettes émettent divers sons : la chouette rayée produit des jappements sonores, le hibou moyen-duc pousse une sorte de miaulement plaintif et l'effraie des clochers émet un étrange sifflement.

À la campagne, tu peux parfois entendre un sifflement aigu qui monte et descend à la manière d'une gamme. Certaines personnes superstitieuses n'aiment pas du tout ce son. Elles croient qu'il annonce la mort de quelqu'un. Mais rassure-toi : il ne s'agit que du cri poussé dans la nuit par un petit-duc maculé.

Mouffette rayée

Engoulevents bois-pourri

## Quel oiseau répète son nom toute la nuit?

L'engoulevent bois-pourri mâle. Lorsqu'il est perché sur un arbre, cet oiseau nocturne fantomatique chante son nom, « bois-pourri, bois-pourri », environ 16 000 fois entre le coucher et le lever du soleil! Le plus curieux, c'est que les engoulevents bois-pourri ne chantent que s'ils se trouvent sur un perchoir. Lorsqu'ils volent, ils demeurent silencieux.

Le cri de l'engoulevent bois-pourri dérange des personnes qui tentent de s'endormir. Mais les agriculteurs ne s'en plaignent pas. En effet, l'engoulevent bois-pourri capture les insectes qui dévorent leurs cultures.

Cet oiseau doit aussi son nom au fait qu'il ressemble à un morceau de bois pourri lorsqu'il est sur le sol. On l'appelle aussi « tête-chèvre », à cause d'une ancienne et fausse croyance selon laquelle il tèterait le lait des chèvres!

## Comment l'engoulevent bois-pourri capture-t-il des insectes?

En volant le bec grand ouvert. Les longues moustaches plantées autour de son bec l'aident à saisir les insectes dans les airs.

## Où se trouve l'engoulevent bois-pourri durant le jour?

Il se cache habituellement sur le sol, dans la forêt. Ses plumes brunes tachetées se confondent avec les feuilles tombées par terre. Grâce à cet excellent camouflage, il peut se reposer en sûreté depuis l'aube jusqu'au crépuscule, sans être repéré.

## Quel oiseau nocturne ne peut pas voler?

Le kiwi de la Nouvelle-Zélande. Cet oiseau est muni d'ailes tout à fait inutiles. Il n'a pas une bonne ouïe ni une bonne vision pour chasser. Mais, grâce aux narines qui se trouvent au bout de son bec très long et flexible, le kiwi est l'oiseau qui possède le meilleur odorat de la planète! En enfonçant son bec et en reniflant dans le sol épais et humide de la forêt où il habite, le kiwi débusque des vers de terre, des insectes et de petits fruits. Les poils courts autour de son bec lui donnent un air bizarre, mais ils lui permettent de se diriger dans le noir.

## Les lucioles sont-elles une sorte de mouches?

Non. Même si on les appelle familièrement mouches à feu, les lucioles sont de petits coléoptères. Elles volent en groupe après le coucher du soleil, et leur corps produit un éclat de lumière. Les lucioles diffusent cette lumière à l'aide de produits chimiques qui se mélangent dans leur corps. Comme rien ne brûle pour créer cette lueur, elles n'émettent aucune chaleur.

Par une nuit d'été, tu peux voir les lumières jaunes des lucioles danser au-dessus des champs et des pelouses. Le jour, les lucioles restent bien cachées dans l'herbe ou sont suspendues, immobiles, sous les feuilles.

Certaines personnes attrapent des lucioles et les enferment dans des pots en verre. Mais la lumière produite par ces insectes est très faible. Alors, ne compte surtout pas sur un bocal rempli de lucioles pour éclairer ton chemin!

## Pourquoi les lucioles luisent-elles dans le noir?

Pour attirer une proie, ou encore une compagne ou un compagnon. Chaque espèce de luciole clignote d'une façon particulière. Comme la plupart des femelles ne peuvent pas voler, elles se perchent habituellement au-dessus du sol ou dans des buissons, et attendent. Tôt ou tard, un mâle se met à voltiger autour d'une femelle en émettant un clignotement particulier. S'il s'agit du signal qu'elle attendait, la femelle lui répond en clignotant à son tour – et le mâle va la rejoindre.

## La lueur des lucioles attire-t-elle aussi des ennemis?

Non. La plupart des ennemis des lucioles, comme les oiseaux, les grenouilles, les lézards et les araignées, ont appris qu'il vaut mieux laisser les lucioles tranquilles. En effet, elles contiennent un poison qui peut les tuer.

## Qu'est-ce qu'un ver luisant?

Il s'agit de la larve luisante de certaines lucioles ou espèces de la même famille. Le moment venu, la plupart des vers luisants, qui ressemblent à de tout petits vers, se transforment en lucioles femelles adultes.

Certains vers luisants vivent dans des grottes. Ils se regroupent par milliers. La lumière qu'ils diffusent est si vive que tu pourrais lire un livre en t'installant près d'eux!

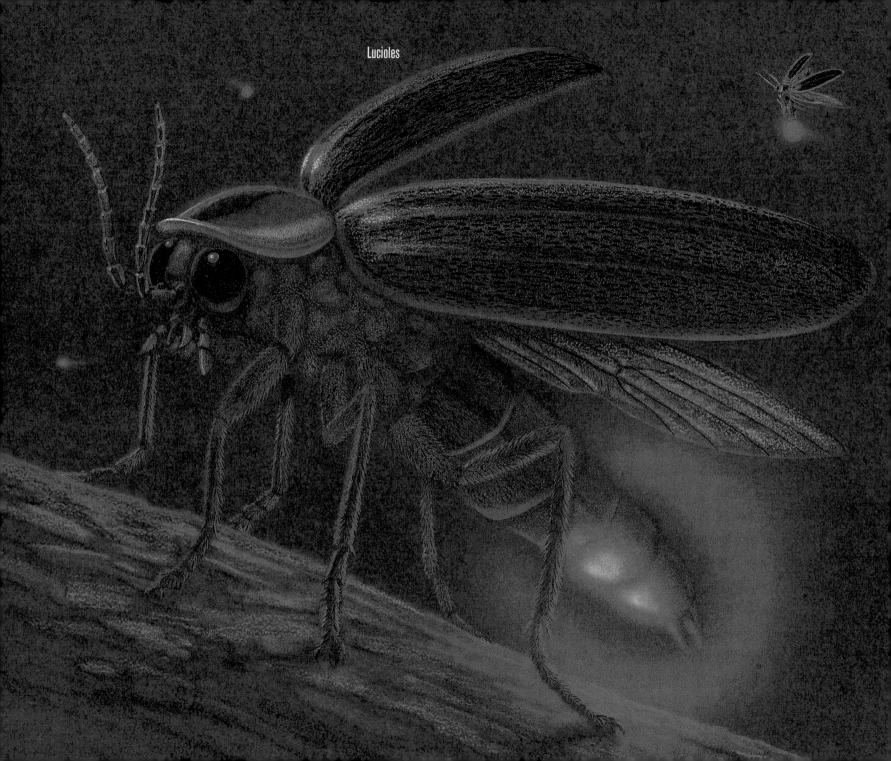
Lucioles

Écureuils volants

## Les écureuils volants volent-ils vraiment?

Non, ils planent. Les écureuils volants sont pourvus d'un repli de peau qui s'étend de chaque côté de leur corps, jusqu'aux pattes. Lorsqu'ils bondissent d'une branche à une autre, ils écartent leurs membres pour former des ailes et planer dans les airs!

La queue touffue de l'écureuil lui sert de gouvernail et lui permet de maintenir son équilibre. Dans les airs, les écureuils volants peuvent atteindre une vitesse d'environ 16 km/h.

## Pourquoi les écureuils volants planent-ils?

Pour rester en sécurité. En planant, la nuit, d'un arbre à un autre, l'écureuil échappe à ses ennemis au sol, comme les serpents et les belettes. Il évite aussi les attaques des oiseaux de proie aux yeux perçants, qui chassent habituellement le jour.

Mais la vie nocturne comporte aussi des dangers. Bien des écureuils volants ratent une branche ou s'écrasent contre un arbre qu'ils n'ont pas vu. Et les hiboux et les chouettes, qui se nourrissent la nuit, peuvent facilement attraper un écureuil en plein vol!

## Où sont les écureuils volants lorsqu'il fait clair?

Ils dorment dans des arbres creux ou des trous abandonnés par les pics-bois. Les écureuils volants se reposent dans des nids garnis de plumes ou de poils, de feuilles sèches et d'écorces déchiquetées.

Certains écureuils volants vivent dans les forêts d'Asie, d'Europe et d'Amérique du Nord, où l'hiver peut être très froid. Ils dorment en boule, la tête recouverte de leur grosse queue touffue. Durant les journées froides, des familles entières se blottissent les unes contre les autres dans un seul nid pour se réchauffer.

# SUR LA TERRE

## Les chats sont-ils des animaux nocturnes?

Oui. Leur proie préférée est la souris, qui vit surtout la nuit. Lorsqu'ils chassent dans une lumière diffuse, les chats ouvrent très grand les yeux. Quand leurs pupilles sont complètement dilatées, ils voient environ six fois mieux que toi! De plus, derrière chaque œil se trouve un tapetum semblable à un miroir. Ainsi, les chats peuvent voir dans une noirceur presque totale.

Cependant, les chats peuvent aussi être assez actifs durant le jour. Comme tu le sais, ils adorent prendre des bains de soleil. Lorsque la lumière est vive, ils ferment les yeux à moitié pour réduire la quantité de lumière qui y pénètre. Lorsque leurs pupilles se réduisent à une mince fente, les chats voient à peu près aussi bien que toi.

## Quels autres sens permettent aux chats de chasser la nuit?

L'ouïe, l'odorat et le toucher. Les oreilles du chat, grandes et sensibles, captent tous les sons, du moindre petit bruissement au cri le plus aigu. Son odorat est si développé qu'un chaton qui vient de naître peut retrouver sa mère juste à l'odeur.

Le chat perçoit ce qui l'entoure grâce à ses pattes et à ses longues moustaches rigides et très sensibles, qui sont reliées aux nerfs de sa peau. Ces nerfs envoient au cerveau un message signalant au chat qu'il est en train de frôler un objet quelconque – même s'il ne peut ni le voir, ni l'entendre, ni le sentir!

## Quels sons émettent les chats?

Lorsqu'ils chassent, aucun. Les chats sont parmi les animaux nocturnes les plus silencieux. Grâce à leurs pattes coussinées, ils ne font aucun bruit en marchant ni même en sautant d'un rebord. Mais lorsqu'ils se battent, c'est une autre histoire. On croirait entendre des bébés pleurer ou des êtres humains pousser des cris perçants. Les chats font aussi beaucoup de bruit durant la période des amours.

Chat domestique

Lions

Impala

# Les lions chassent-ils la nuit comme les chats?

Oui. En général, les lions se reposent pendant la journée et chassent la nuit. Leurs principales proies sont les zèbres, les buffles et les antilopes – des animaux qui courent tous beaucoup plus vite qu'eux.

Les lions chassent souvent en groupe. Ils traquent leur proie, comme le font les chats avec les souris. Lorsqu'ils sont à moins de 30 m de leur cible, ils bondissent brusquement, capturant leur victime à l'aide de leurs puissantes mâchoires ou la renversant brutalement sur le sol avec leurs pattes.

Contrairement à ce que tu pourrais croire, le lion n'est pas un chasseur tellement habile. Sur quatre animaux qu'il traque, il n'en tue qu'un seul, et il chasse rarement plus de trois ou quatre heures par nuit. Après, c'est l'heure de la sieste! La belle vie, quoi!

# Pourquoi les lions rugissent-ils?

Surtout pour rester en contact les uns avec les autres. Parfois, un seul lion rugit; à d'autres moments, plusieurs se joignent à lui pour former un chœur. Selon certains experts, le lion rugit pour dire aux autres : « Je suis ici! » Ainsi, les membres de la troupe (ou groupe) restent groupés et font fuir les étrangers.

Dans son habitat naturel, le lion commence habituellement à rugir en poussant un ou deux petits gémissements. Puis survient le cri rauque, grave et retentissant, qu'on peut entendre à 5 km à la ronde! Le rugissement du lion dure environ 30 secondes avant de s'affaiblir en une série de grognements rauques.

# Les léopards chassent-ils comme les lions?

Non. Les léopards chassent seuls. Pour cette raison, ils pourchassent habituellement des proies plus petites, comme des babouins, des phacochères, des lycaons (sorte de chiens sauvages d'Afrique) et les bébés de gros animaux.

Le léopard s'approche de sa proie en rampant presque comme un serpent, le ventre au ras du sol. Lorsque sa victime se trouve à sa portée, il bondit et l'attaque subitement en la renversant. Très vite, le grand félin plante ses deux longs crocs acérés dans le cou de sa proie et commence à la déchiqueter.

Après s'être repu, le léopard transporte souvent les restes de son repas dans un arbre. Là, il s'étale sur une branche avec ses restes et fait un long somme bien mérité!

## Quel animal nocturne ressemble à une grosse souris munie d'une poche?

L'opossum. Avec son nez pointu et ses dents acérées, il ressemble en effet à une souris. Mais, comme le kangourou, la femelle opossum possède une poche ventrale qui sert à transporter ses petits.

Les femelles opossums donnent naissance à des portées de 5 à 20 minuscules bébés à la fois. Les nouveau-nés n'ont pas de poils; ils sont aveugles, sourds et à peu près de la taille d'un haricot de Lima! Une portée complète de 14 opossums, par exemple, pèse moins de 28 g et pourrait facilement tenir dans une cuillère à soupe! Les nouveau-nés vivent dans la poche de leur mère et se nourrissent du lait maternel.

## Les opossums ont-ils besoin de gardiennes?

Non. Même si la mère opossum se met chaque nuit en quête de nourriture, ses petits se déplacent avec elle.

Pendant environ les deux premiers mois, elle les transporte dans sa poche. Par la suite, les petits se glissent hors de la poche et se baladent accrochés au dos de leur mère pendant encore plusieurs semaines. Passé cette période, ils ont presque atteint l'âge adulte et sont prêts à partir dans la nuit, à la recherche de leur propre repas!

## Que mangent les opossums?

Des petites souris, des vers, des insectes, des fruits, des racines et des noix. Les petits opossums arboricoles raffolent particulièrement du kaki, fruit du plaqueminier. Lorsque les kakis sont mûrs, certains opossums peuvent passer la nuit entière dans un arbre à se gaver!

## Qui sont les ennemis de l'opossum?

Les hiboux et les chouettes, les coyotes, les renards, les chiens et les chats. Lorsqu'il se sent menacé, l'opossum s'étend sur le côté et reste immobile, les yeux fermés et la langue sortie. Comme il a l'air mort, les prédateurs le laissent tranquille. Mais, si tu rencontres un ours dans la nature, n'imite surtout pas l'opossum! Cette ruse ne fonctionne pas avec ce gros mammifère de nos forêts.

Opossums de Virginie

Les ratons laveurs. Ceux qui vivent dans des régions urbaines mangent à peu près n'importe quoi. Ces « bandits masqués » sont incroyablement habiles lorsqu'il s'agit d'ouvrir les poubelles les mieux verrouillées avec leurs pattes avant munies de longs doigts.

Dans la nature, les ratons laveurs préfèrent chasser près de l'eau, où ils trouvent des grenouilles, des écrevisses et des tortues. Ceux qui vivent loin des cours d'eau se nourrissent de baies, de noix, de maïs, de souris et d'insectes – aliments qu'on ne trouve pas toujours dans les poubelles!

## Pourquoi les ratons laveurs reviennent-ils chaque nuit aux mêmes endroits?

Dans le noir, il est plus difficile de trouver de nouveaux endroits. Lorsque le soleil se lève, la plupart des ratons laveurs retournent aussi dormir à la même place. À la campagne, ils s'allongent entre les racines des arbres ou dans un arbre creux. S'il n'y a pas d'arbre, ils dorment dans des nids qu'ils fabriquent au milieu des hautes herbes. En ville, ils habitent près des maisons – dans des remises, des tuyaux de drainage ou des greniers.

Ratons laveurs

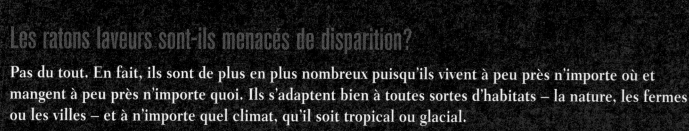

## Les ratons laveurs sont-ils menacés de disparition?

Pas du tout. En fait, ils sont de plus en plus nombreux puisqu'ils vivent à peu près n'importe où et mangent à peu près n'importe quoi. Ils s'adaptent bien à toutes sortes d'habitats – la nature, les fermes ou les villes – et à n'importe quel climat, qu'il soit tropical ou glacial.

Grâce à son long pelage gris moucheté de noir, le raton laveur peut se camoufler et échapper à ses ennemis. Mais si on l'attaque, ce noctambule devient un combattant farouche et dangereux.

## Quel animal nocturne est célèbre pour son odeur épouvantable?

La mouffette. Lorsqu'elle est attaquée ou se sent en danger, la mouffette projette un liquide d'une odeur infecte sécrété par les glandes de son arrière-train. L'espèce la plus répandue a un pelage noir et des bandes caractéristiques d'un blanc éclatant qui s'étendent du nez au bout de la queue touffue. D'autres espèces sont tachetées ou d'une seule couleur.

Les mouffettes ne vivent qu'en Amérique du Nord et du Sud. Elles chassent la nuit dans des régions boisées, en quête d'insectes, de souris, d'œufs, de fruits et de la chair en décomposition d'animaux morts.

## Que fait la mouffette avant d'arroser son ennemi?

Elle lui lance un avertissement. Elle frappe le sol avec ses pattes en grognant ou en sifflant sourdement. Puis elle soulève sa queue en arquant le dos. Ensuite, pouah! le liquide huileux et puant jaillit de sous sa queue.

## À quelle distance une mouffette peut-elle projeter son liquide?

Jusqu'à 4 m. Les animaux qui se trouvent à proximité sont étouffés par l'odeur et s'enfuient. Mais le pire, c'est que cette odeur est très tenace, comme le savent trop bien les gens de la campagne. Le liquide lui-même est encore plus nocif que l'odeur. Lorsqu'il atteint un œil, il peut provoquer une vive sensation de brûlure et une cécité momentanée. Une simple bouffée de cet immonde fluide peut même causer un mal de ventre!

## Quel ennemi de la mouffette n'est pas incommodé par cette odeur?

Le grand-duc d'Amérique. Le liquide projeté par la mouffette ne semble pas le déranger lorsqu'il chasse la nuit. Cet oiseau fond sur le petit mammifère, peu importe la puissance de l'odeur. De deux choses l'une : soit le grand-duc d'Amérique n'a pas d'odorat, soit il retient son souffle, tout simplement!

Mouffette tachetée

Renard roux

Gros scorpion velu du désert

Solifuge

## Les araignées sont-elles des créatures nocturnes?

Certaines le sont. Parmi elles, il existe de nombreuses araignées chasseuses qui poursuivent des insectes ou s'embusquent pour les attendre plutôt que de les capturer dans des toiles.

Toute la journée, ces araignées restent cachées dans des nids qu'elles fabriquent avec la soie que produisent leurs glandes corporelles spéciales. Lorsque tombe la nuit, elles quittent leur nid, en quête de nourriture. Même si elles ont huit yeux minuscules, bon nombre de ces araignées sont presque aveugles. Pour trouver une victime, elles doivent pratiquement se cogner contre elle!

## Y a-t-il des araignées nocturnes qui vivent dans nos maisons?

Probablement. Certaines espèces passent leur journée dans les coins sombres des maisons et d'autres édifices. La nuit, elles quittent leur cachette pour trouver de la nourriture. Un soir, tu pourrais entrer dans une pièce plongée dans le noir, allumer la lumière et voir l'une de ces araignées se figer une seconde, puis prendre la poudre d'escampette!

## Y a-t-il d'autres chasseurs nocturnes dans la famille des araignées?

Oui, les scorpions. Bien des scorpions vivent dans des régions chaudes et évitent les activités de jour sous le soleil brûlant. Ces créatures ne sortent que la nuit, lorsqu'il fait beaucoup plus frais.

Dans l'obscurité, c'est surtout par le toucher que les scorpions repèrent les araignées et insectes dont ils se régalent. Le scorpion pique sa proie à l'aide de l'aiguillon crochu qui se trouve au bout de sa queue. Une seule piqûre du poison sécrété par cet aiguillon paralyse la victime, et le scorpion peut déguster son repas en toute tranquillité!

Pourtant, même les scorpions ne peuvent éviter les attaques de leurs ennemis. Une bataille entre un scorpion et une solifuge peut très mal se terminer pour le scorpion. La solifuge sautille et se balance comme un boxeur pour éviter la piqûre du scorpion. Puis elle saute sur sa queue et s'y accroche jusqu'à ce qu'elle puisse mordre et arracher l'aiguillon.

Non. De nombreux serpents ont une vue et une ouïe très mauvaises. Leurs yeux leur permettent d'apercevoir des choses qui bougent, mais pas d'en distinguer les détails. À part les objets qui se trouvent près de lui, le serpent voit tout embrouillé. Et comme il n'a pas d'oreilles, il « n'entend » pas, mais ressent les vibrations sur le sol.

Comment les serpents trouvent-ils leur proie dans le noir?

En partie grâce à la chaleur que dégage le corps de leur proie. Bien des serpents, comme le serpent à sonnettes, sont munis d'organes sensibles à la chaleur situés dans de profondes fossettes, entre les yeux et le nez. Ces fossettes leur permettent de détecter tout ce qui est un peu plus chaud que l'air.

Le crotale cornu est aussi équipé de détecteurs de chaleur très sensibles. Selon certains scientifiques, ce serpent peut poursuivre des souris et des lézards, parfois jusque dans leur terrier, simplement en sentant la chaleur de leur corps.

## Pourquoi le serpent darde-t-il sa langue fourchue?

Pour sentir et goûter les particules en suspension dans l'air. La langue du serpent lui apprend toutes sortes de choses sur son environnement. Elle lui permet de traquer et de capturer les animaux dont il se nourrit.

## Les serpents mordent-ils avec leur langue?

Non. Les serpents mordent avec des dents spéciales appelées crochets. Les glandes situées près de la gueule des serpents venimeux produisent un poison, qui est transporté dans des canaux jusqu'aux crochets.

Crotale cornu

Xantusia henshawi

Grillons de Fulton

Limaces

Vers de terre

## Les limaces et les vers sont-ils des créatures nocturnes?

Oui. Comme leur corps mou doit toujours demeurer humide, ces animaux évitent le soleil. Lorsque tombe la nuit, ils rampent hors de leur cachette pour chercher de la nourriture. Par une nuit chaude et humide, tu pourrais même en repérer dans ton jardin à l'aide d'une lampe de poche. Si tu ne fais aucun bruit, tu entendras peut-être le léger bruissement qu'ils produisent en rampant sur les feuilles mortes.

## Quel est l'insecte nocturne le plus ancien?

La blatte, communément appelée coquerelle. Certains fossiles de blattes remontent à plus de 250 millions d'années – l'époque des dinosaures, tu te rends compte!

La blatte commune habite dans les magasins d'alimentation, les pâtisseries, les restaurants et les maisons. Elle fait partie de la grande famille des blattes qui évitent la lumière et s'activent dans le noir. De couleur brun terne et d'à peine 1,3 cm de long, la blatte commune n'est pas très capricieuse. Restes de repas, papier, plantes, vêtements, insectes morts, elle avale à peu près n'importe quoi!

## Quelle créature nocturne est la plus bruyante?

Le grillon de Fulton. Lorsque la nuit est chaude, on en trouve d'énormes quantités rassemblées dans les arbres. Ils produisent leur chant caractéristique en se frottant les ailes à un rythme de 40 fois par seconde.

Les grillons mâles sont ceux qui stridulent le plus. Selon certains experts, c'est de cette façon qu'ils trouvent leur compagne. Les grillons peuvent entendre grâce à deux petits trous, ou oreilles, situés juste sous les articulations de leurs pattes avant.

La stridulation d'un grillon change selon la température de l'air. Plus il fait chaud, plus la stridulation est rapide. Par une nuit d'été, compte le nombre de stridulations que tu entends sur une période de 15 secondes et ajoute 40 à ce nombre. La somme te révélera la température en degrés Fahrenheit.

### Les grenouilles sont-elles des créatures nocturnes?

La plupart le sont, même si tu peux aussi en voir le jour. Les grenouilles doivent éviter le soleil, qui assèche leur peau. Comme les autres amphibiens, elles vivent dans l'eau et sur la terre, et respirent grâce à des poumons. Mais elles absorbent aussi de l'oxygène par leur peau mince. Si leur peau n'est pas assez humide, les grenouilles ne peuvent pas respirer et suffoquent.

### Les grenouilles sont-elles toutes bruyantes la nuit?

Non, seulement les mâles. Tout comme nous, les grenouilles possèdent des cordes vocales situées dans la gorge. Mais chez la plupart des espèces, seuls les mâles produisent des sons. Ils pompent de l'air dans leurs poumons pour faire vibrer leurs cordes vocales. Pour émettre des sons plus puissants et attirer les femelles, ils font gonfler leur gorge, qui forme un ballon. Durant les nuits d'été, tu peux entendre le coassement grave et sonore du ouaouaron jusqu'à 1,6 km à la ronde. Ce cri ressemble aux beuglements d'un taureau!

### Où sont les grenouilles pendant la journée?

Certaines se cachent. Elles recherchent la fraîcheur et l'humidité sous des souches pourries ou des tas de feuilles ou de boue, et aussi près des puits, des quais et des ponts.

   Bien des rainettes vivent dans les forêts tropicales humides. Elles se cachent de la lumière du jour en s'accrochant au revers des grandes feuilles d'arbre.

### Les grenouilles se cachent-elles la nuit?

Oui, lorsque la lune luit. Les grenouilles se dissimulent pour ne pas être débusquées par leurs ennemis – les serpents, les ratons laveurs et les mouffettes.

Ouaouarons

## Les grenouilles voient-elles bien la nuit?

Oui. Elles voient surtout ce qui bouge. Leur excellente vue leur permet de capturer des proies et d'échapper à leurs ennemis. Leurs yeux très bombés ressemblent au minuscule périscope d'un sous-marin. Ainsi, les grenouilles peuvent voir dans toutes les directions – sauf directement sous leur nez. Au cours d'une expérience, des scientifiques ont placé de la nourriture sous la tête d'une grenouille. Celle-ci l'a sentie, mais a dû reculer pour la voir.

## Comment la plupart des grenouilles chassent-elles?

Elles s'assoient et attendent. Aussitôt qu'une grenouille aperçoit un insecte, un poisson ou un petit animal qui bouge, elle fait jaillir sa langue gluante et, en un éclair, elle saisit sa proie.

La grenouille capture et mange à peu près tout ce qui passe à sa portée – du moment qu'il s'agit d'un être vivant. Si tu présentes à une grenouille affamée un tas de mouches mortes et immobiles, elle préférera mourir de faim plutôt que de les manger.

Lorsqu'il n'y a pas de nourriture sur la terre ferme, les grenouilles se regroupent et remuent la boue au fond de leur étang. Elles trouvent ainsi de minuscules créatures qui s'y cachent. Les grenouilles vraiment désespérées mangent n'importe quoi, n'importe quand – elles se mangent même entre elles!

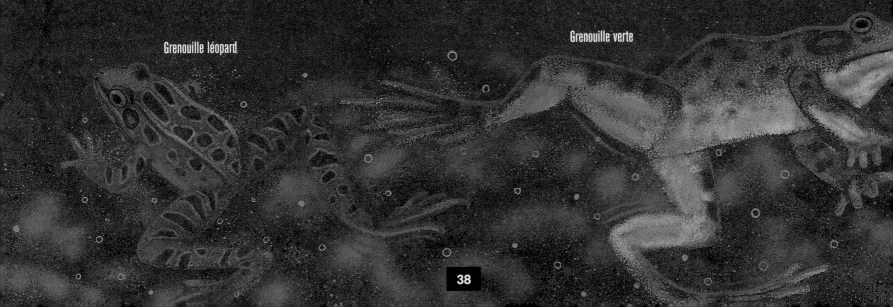

Grenouille léopard

Grenouille verte

## Comment les grenouilles avalent-elles leur nourriture?

Avec leurs yeux! Après avoir capturé une mouche ou une autre proie dans sa bouche, la grenouille cligne des yeux, pressant ainsi ses globes oculaires contre son palais. Ce dernier s'abaisse et pousse la nourriture dans l'estomac de la grenouille, tout cela en un clin d'œil!

## Qu'arrive-t-il lorsqu'une grenouille mange quelque chose de toxique?

Elle vomit tout son estomac, qui pend ensuite sur le côté de sa bouche. Puis, se servant de ses pattes avant comme de torchons, la grenouille se nettoie l'estomac... et le ravale!

Castors d'Amérique

Crapets arlequins

# Où les castors vivent-ils?

Dans les rivières, les ruisseaux et les lacs. Les castors travaillent jour et nuit, mais ils sont plus actifs après le crépuscule. C'est à ce moment-là qu'ils ramassent les brindilles, les feuilles, les écorces et les racines dont ils se nourrissent. C'est aussi la nuit que les castors se servent de leurs dents et de leurs pattes avant pour couper des arbres et bâtir des abris et des barrages.

L'abri du castor, appelé hutte, est fait de branches, de roches et de petits troncs d'arbres assemblés avec de la boue. La hutte ressemble à une petite île à fleur d'eau.

# Les castors respirent-ils sous l'eau?

Non. Ils ne peuvent pas retenir leur souffle plus de 15 minutes d'affilée. Lorsqu'ils n'en peuvent plus, ils nagent vers la surface pour respirer ou plongent vers l'entrée de leur hutte, qui est remplie d'air.

# Les castors sont-ils de bons nageurs?

Oui, d'excellents nageurs. Les castors fendent littéralement l'eau, leurs pattes palmées faisant fonction de nageoires. Des scientifiques les ont chronométrés : ils peuvent atteindre une vitesse d'environ 8 km/h! La queue plate et rigide du castor lui sert de gouvernail lorsqu'il nage. Elle peut aussi servir de pagaie supplémentaire lorsqu'il veut faire une pointe de vitesse.

# Comment le castor peut-il transporter un tronc d'arbre dans l'eau sans s'étouffer?

Il peut bloquer sa gorge, même la bouche grande ouverte. Ainsi, le castor transporte des troncs d'arbre et des branches dans l'eau sans avaler une seule goutte!

## Que font les crocodiles durant le jour?

Ils se détendent. Dans les chaudes régions tropicales où ils vivent, les crocodiles passent habituellement la matinée à se dorer au soleil. Au milieu de la journée, lorsqu'il fait vraiment chaud, ils partent à la recherche d'un endroit frais et ombragé, où ils se reposent pendant un moment. Puis ils retournent se prélasser au soleil jusqu'au crépuscule.

Crocodiles américains

## Que font les crocodiles, la nuit tombée?

Ils cherchent de la nourriture. Certains restent tapis dans des étangs peu profonds ou des rivières à faible courant et attendent qu'une proie vienne se désaltérer. D'autres se cachent dans des marais et des marécages, prêts à attaquer n'importe quel animal qui a le malheur de flâner par là!

Le crocodile peut avaler tout rond un petit animal comme une tortue. Mais lorsqu'il capture une grosse proie, un porc par exemple, il la déchiquette en plantant ses mâchoires dans sa chair et en secouant la tête d'un côté à l'autre.

## L'alligator et le crocodile sont-ils des animaux identiques?

Pas tout à fait. Le museau de l'alligator est rond, et celui du crocodile est pointu. L'alligator se déplace plus lentement que le crocodile. De plus, la quatrième dent inférieure du crocodile est bien visible à l'extérieur de sa gueule, ce qui n'est pas le cas de l'alligator.

### Les tortues sont-elles des créatures nocturnes?

Non. Mais l'une des espèces, la tortue de mer, pond ses œufs la nuit. Elle a une très bonne raison de le faire : les œufs pondus dans l'humidité et la noirceur ne sèchent pas autant que les œufs pondus dans la chaleur du jour.

Lorsqu'elle est prête à pondre ses œufs, la grosse et lourde tortue de mer femelle émerge de l'eau. En se dandinant sur la plage, elle se rend jusqu'à la limite de la marée haute. À l'aide de ses nageoires arrière, elle creuse un trou dans lequel elle pond de 50 à 100 œufs. Enfin, elle balaie le sable pour recouvrir complètement le trou. Généralement, le soleil se lève avant qu'elle ait terminé et soit retournée à la mer.

### Quand les œufs des tortues de mer éclosent-ils?

À n'importe quelle heure du jour ou de la nuit. Mais une fois éclos, les bébés tortues restent cachés sous le sable. Ils attendent qu'il fasse noir et que la température chute. Ce n'est qu'à ce moment-là que les bébés se hissent hors de leur cachette et rampent aussi vite qu'ils le peuvent jusqu'à la mer. En attendant la nuit pour sortir, ils évitent le soleil et échappent aux mouettes et aux autres prédateurs diurnes qui chassent le long de la rive.

### Quels prédateurs nocturnes s'attaquent aux bébés des tortues de mer?

Les crabes fantômes. Toute la journée, ces crabes restent blottis sous le varech (algues rejetées par la mer) ou entre des pierres, ou encore dans des terriers creusés dans le sable. Mais après le coucher du soleil, ils sortent de leur cachette pour chercher de la nourriture.

Le crabe fantôme a des yeux situés à l'extrémité de deux longs pédoncules, qu'il fait bouger pour détecter les sources de danger. S'il voit quelque chose de menaçant, il se précipite dans son terrier. S'il est en sécurité, il court de côté sur le sable en fouillant dans le varech, à la recherche de son repas : puces de mer, poissons morts et, bien entendu, tortues de mer tout juste écloses.

Tortues vertes

Crabe fantôme

### Quel requin s'alimente sous un îlot?

Le requin-marteau. Certains scientifiques ont surveillé les activités quotidiennes d'un groupe de requins-marteaux. Le jour, ces requins nagent en cercle autour des monts sous-marins. Au crépuscule, ils se dirigent vers leur aire d'alimentation, à une distance d'environ 16 à 24 km. Toute la nuit, ils gobent des quantités phénoménales de calmars et de poissons de toutes sortes.

À l'aube, les requins-marteaux retournent à leur mont sous-marin. Ils refont le même chemin chaque jour. Bizarre, non?

### Quels autres poissons se nourrissent durant la nuit?

Les gros poissons rapides, comme le thon, l'espadon et le makaire. Le soir, ils remontent des profondeurs de l'océan pour se nourrir de crevettes et de petits poissons qui vivent près de la surface. Ces gros poissons sillonnent la surface de l'eau, se remplissant l'estomac de délicieuses petites bouchées. Puis, à l'aube, ils retournent dans les profondeurs, où ils demeurent jusqu'à ce qu'il fasse noir. Parfois, le trajet entre les profondeurs et la surface s'étend sur des centaines de mètres.

### Quels types d'animaux sont des animaux nocturnes?

Tout ce que tu peux imaginer : mammifères, insectes, amphibiens, reptiles, oiseaux et poissons. Chaque animal a une bonne raison de préférer la noirceur de la nuit à la lumière du jour.

# INDEX

## Au sujet des auteurs

Melvin et Gilda Berger possèdent des connaissances pratiques sur les créatures nocturnes. Durant l'été, ils s'endorment au son des hiboux, des grillons et des ouaouarons. L'hiver, au petit matin, ils observent souvent les traces laissées sur la neige, autour de leur maison, par des animaux.

## Au sujet de l'illustrateur

Jim Effler est fasciné par le fait que, pendant que l'on dort, des ratons laveurs, des chauves-souris et des hiboux s'approprient la cour où l'on joue durant le jour. Jim partage sa cour avec sa femme, Debbie, et ses deux filles, Jenna et Ariana.